Dans la même collection:

CHARLES
LE MOYNE

premier seigneur de Longueuil

Données de catalogage avant publication (Canada)

Coté, Jean, 1927-

 Charles Le Moyne: premier seigneur de Longueuil

 Pour les adolescents.

 ISBN 2-7640-0006-5

 1. Le Moyne, Charles, 1626-1685 - Ouvrages pour la jeunesse. 2. Longueuil (Québec): Seigneurie - Ouvrages pour la jeunesse. 3. Seigneurs - Canada - Biographies. 4. Canada - Histoire - Jusqu'à 1663 (Nouvelle-France) - Ouvrages pour la jeunesse. I. Titre.

FC341.L44C67 1995   j971.4'014'092   C95-940566-6
F1030. C67 1995

LES ÉDITIONS QUEBECOR
7, chemin Bates
Bureau 100
Outremont (Québec)
H2V 1A6
Tél. : (514) 270-1746

© 1995, Les Éditions Quebecor
Dépôt légal, 2ᵉ trimestre 1995

Bibliothèque nationale du Québec
Bibliothèque nationale du Canada
ISBN: 2-7640-0006-5

Éditeur: Jacques Simard
Coordonnatrice à la production: Dianne Rioux
Conception de la page couverture: Bernard Langlois
Illustration de la page couverture: Caroline Merola
Révision: Sylvie Massariol
Correction d'épreuves: Claire Morasse
Infographie: Composition Monika, Québec
Impression: Imprimerie L'Éclaireur

CHARLES
LE MOYNE

premier seigneur de Longueuil

Jean Coté

Les Éditions Quebecor

Table des matières

Prologue

Charles Le Moyne :
premier seigneur
de Longueuil

Héritiers des vertus guerrières de leurs lointains ancêtres, qui se battirent sous la bannière de Guillaume le Conquérant*, les Le Moyne étaient de père en fils des militaires dans l'âme. Leur devise aurait pu être celle de La Rochejaquelein : « Si j'avance, suivez-moi ; si je meurs, vengez-moi ; si je recule, tuez-moi ! »

Installé en Nouvelle-France dès 1641, chef d'une lignée de héros surnommés les Macchabées de la Nouvelle-France, Charles fut le premier seigneur de Longueuil. Il per-

---

*   Guillaume Ier (ou Guillaume le Conquérant) s'empara de l'Angleterre à la bataille de Hastings en 1066 et y installa une monarchie anglo-normande.

pétua, par ses actions d'éclat et la renommée de ses enfants, la vertu dominante de sa famille : le courage.

Charles, qui agit comme interprète auprès des différentes tribus indiennes, sut par sa détermination et son sang-froid s'imposer même aux farouches Iroquois, qui reconnaissaient en lui un combattant digne de leurs champions. Bien des fois, coincé par ses ennemis, attaché au poteau de torture, la vie de Le Moyne ne tint qu'à un fil.

Commerçant avisé, trafiquant de pelleteries, il se mit en société avec Jacques Le Ber, son beau-frère, mari de sa sœur Jeanne.

Charles Le Moyne avait épousé Catherine Primot, elle aussi Normande, née à Saint-Denis-le-Petit, près de Dieppe. Orpheline, emmenée en Nouvelle-France par son oncle maternel, Antoine Primot, tôt initiée à la vie difficile des pionniers, Catherine était, disait-on, la plus belle femme de la colonie. De plus, elle possédait — outre la droiture — un courage à toute épreuve et un franc-parler qui impressionnait.

En retour des services éminents rendus à la colonie, Charles Le Moyne fut nommé gouverneur de Montréal.

Sa femme et lui donnèrent quatorze enfants à la Nouvelle-France, lesquels, à leur manière, devinrent tous célèbres et immortalisèrent dans l'honneur et le courage le grand nom des Le Moyne. Cette famille exceptionnelle illustra de ses hauts faits la tragique épopée française en terre d'Amérique.

La famille de Charles et Catherine (1656-1685)

Né le 10 décembre 1656, premier baron de Longueuil, Charles Le Moyne portait le même prénom que son père, à titre d'aîné. Il fut envoyé en France pour y parfaire des études militaires. D'abord cadet de la marine, il servit comme interprète, lieutenant et capitaine de milice. Il devint ambassadeur auprès des Iroquois et gouverneur de Trois-Rivières (poste fondé par La Violette en 1634, à la demande de Champlain). Il assuma également la tâche d'administrateur et de gouverneur de Ville-Marie (Montréal).

Né le 16 avril 1659, Jacques Le Moyne, sieur de Sainte-Hélène, hérita, à titre de cadet, du fief de l'île de Sainte-Hélène. Il s'initia à la vie de marin sur les bateaux de son père qui sillonnaient le Saint-Laurent. Nommé lieutenant du chevalier de Troyes, il s'illustra dans diverses campagnes dont celle de la baie d'Hudson. Considéré comme le meilleur tireur de la colonie, c'est lui qui abattit d'un coup de canon le pavillon qui flottait au grand mât du vaisseau amiral de Phips. Il mourut à l'âge de trente-deux ans, lors d'un combat contre les soldats de l'amiral anglais, qui pensait s'emparer de Québec en passant par la côte de Beaupré.

Pierre Le Moyne, sieur d'Iberville, fut sans doute le plus illustre de cette famille de guerriers. Nous avons déjà publié son histoire dans cette collection.

Né le 15 décembre 1663, Paul Le Moyne, sieur de Maricourt, démontra sa valeur dans le sillage de son frère Iberville. Il parlait presque toutes les langues indiennes. Les Iroquois, qui l'admiraient, l'avaient surnommé *Taouistaouis*, c'est-à-dire «oiseau en perpétuel mouvement». Miné par les nombreuses blessures reçues au cours de ses combats, il décéda en 1704, à l'âge de quarante et un ans.

Né le 10 mars 1666, François Le Moyne, sieur de Bienville, revint de France avec le grade d'enseigne de vaisseau dans la marine royale. Une brillante carrière s'ouvrait devant lui lorsqu'il trouva la mort à la tête de son détachement, à l'âge de vingt-cinq ans. Le 7 juin 1691, lors d'un raid des Iroquois contre le petit village de Repentigny, il perdit la vie.

Né le 21 juillet 1668, Joseph Le Moyne, sieur de Serigny, étudia l'art maritime en France, obtint le titre de garde-marine dans la flotte royale et fut chargé de maintes missions dont celle de ramener en Nouvelle-France les Iroquois qui, capturés antérieurement à Cataracoui, furent envoyés aux galères par une décision injuste et traîtresse du gouverneur d'alors. Serigny accompagna son frère Iberville à la baie d'Hudson et en Louisiane, en 1694. De retour en France, on le nomma gouverneur de Rochefort où il mourut à l'âge de cinquante-six ans, en 1734.

Né le 22 décembre 1670, François-Marie Le Moyne mourut des suites d'une infirmité, à l'âge de dix-sept ans.

Né le 2 octobre 1676, Jean Le Moyne décéda le même jour, peu après l'accouchement de sa mère.

Née le 15 novembre 1673, Catherine-Jeanne Le Moyne épousa le 8 décembre 1694 le compagnon d'armes de son frère Iberville, Pierre Payen, le sieur de Noyan. Sa fille Angélique se maria avec Pierre Jean-Baptiste Legardeur de Repentigny, qui tua Nicolas Philibert, un commerçant en gros, dans un duel à l'épée. Le fils du disparu jura de se venger et fit graver cette inscription célèbre à l'entrée de la maison paternelle:

Je suis le chien qui ronge l'os,
En le rongeant, je prends mon repos,
Un jour viendra qui n'est pas venu
Où je mordrai qui m'aura mordu.

Le fils de Nicolas Philibert n'eut pas l'occasion de donner libre cours à sa vengeance; de retour en France, Pierre Legardeur fut envoyé en mission aux Indes où il mourut en 1776.

Né le 4 janvier 1676, Louis Le Moyne de Châteauguay, un habile marin, participa aux campagnes de son frère Iberville. Lors de l'attaque du fort Nelson, une balle le transperça de part en part. Il mourut sur le coup à l'âge de dix-huit ans.

Née le 16 août 1678, Marie-Anne Le Moyne épousa l'enseigne de vaisseau de la marine royale, Jean Bouillet, sieur de la Chassaigne, considéré comme l'un des officiers émérites de la colonie. Il remplit plusieurs missions avec succès et fut nommé gouverneur de Montréal, poste qu'il exerça durant trois ans avant de mourir le 31 janvier 1755.

Né le 23 février 1681, Jean-Baptiste Le Moyne surnommé le Père de la Louisiane et le fondateur de La Nouvelle-Orléans, s'attacha, dès l'âge de treize ans, à la bonne fortune de son frère Iberville et le suivit partout. À dix-sept ans, il était le second à bord du *Pélican*. Nommé gouverneur de la Louisiane en 1704, il fut vivement attaqué par des envieux, qui s'efforcèrent sans succès de le discréditer pour lui faire perdre son poste de gouverneur. Il mourut pauvre, le 15 janvier 1768, à l'âge de quatre-vingt-huit ans.

Né le 11 novembre 1681, Nicolas Le Moyne, sieur d'Assigny, fut le compagnon d'armes de son frère Iberville et se signala par son courage à Saint-Domingue*, où il fut nommé gouverneur. Ayant contracté lui aussi la fièvre jaune, il s'éteignit à l'âge de vingt ans.

---

* Ancien nom de la République d'Haïti.

Né le 7 juillet 1683, Antoine Le Moyne, sieur de Châteauguay, hérita du titre de son frère Louis, mort au siège du fort Nelson. Rude combattant, il était de toutes les expéditions. Gouverneur de la Martinique durant dix ans et de la Guyane où il demeura sept ans, il fut permuté à l'île du Cap-Breton. Après que ce fort eût tombé entre les mains des Anglais, il regagna la France, où il mourut épuisé physiquement.

Dans ses mémoires, Charlevoix écrit: «Personne ne fit plus d'honneur à leur patrie que la famille de Charles Le Moyne.» Avec raison!

Chapitre 1

Charles Le Moyne quitte Dieppe pour l'Amérique

En cette journée froide et humide de mars, le cabaret du sieur Pierre Le Moyne, dont la façade donnait sur le vieux port de Dieppe, était rempli à craquer d'habitués. Plusieurs marins cherchaient une bonne occasion de reprendre la mer et de repartir vers les pays lointains.

L'estaminet de Pierre Le Moyne était l'endroit rêvé pour obtenir des renseignements de première main sur les besoins des armateurs à la recherche d'engagés.

Entre deux verres de cidre, de bière mousseuse ou encore d'excellent cognac réservé aux fins gosiers, les conteurs ne manquaient pas. Par leurs récits et leurs anecdotes, ces gens au visage buriné et aux moustaches en bataille fascinaient l'auditoire.

Ils émerveillaient surtout lorsqu'ils parlaient du Nouveau Monde, terre fabuleuse pour les aventuriers et refuge des Frères de la Coste qui ne croyaient ni en Dieu ni au diable. Dans leurs pataches, leurs frégates, leurs galions et leurs brigantins, ces démons à face humaine essaimaient les mers. Ils partaient du port du Petit-Goyave ou du Havre-de-la-Tortue pour attaquer les navires espagnols. Un coutelas entre les dents, un pistolet à la main et une hachette à la ceinture, les flibustiers symbolisaient, tout comme les coureurs des bois, une espèce particulière de risque-tout.

Entre deux coups de torchon, Pierre Le Moyne tendait l'oreille aux propos de ses clients dont certains étaient plus près des corsaires que des marins traditionnels au service du roi et des armateurs.

Plusieurs avaient vu la Nouvelle-France et avaient pêché au royaume des morues, au large de Terre-Neuve. Ils décrivaient ce lointain pays comme une terre d'abondance où un homme ingénieux pouvait se tailler rapidement une fortune avec le troc de la fourrure.

Charles Le Moyne, l'aîné d'une famille de dix enfants, trouvait toutes sortes de prétextes pour entendre ces récits et fréquenter le cabaret de son père, un homme doux et tolérant, même si ce dernier pensait que ce n'était pas l'endroit rêvé pour former le caractère d'un adolescent.

Mais l'intérêt du jeune Charles pour l'aventure et la Nouvelle-France s'expliquait d'autant plus aisément que le beau-frère de son père, le chirurgien Adrien Du Chesne, grand ami des jésuites, s'était installé à Québec en 1625. Il donnait souvent des nouvelles à Pierre Le Moyne, décrivant les dangers que les pionniers devaient affronter chaque jour pour survivre.

Lorsque les frères Gervase, Thomas et David Kirke, marchands anglais d'origine franco-écossaise ayant longtemps vécu en France, s'étaient emparés de Québec, il avait refusé d'être évacué avec Champlain, les jésuites et une centaine de pionniers.

«Pourquoi partir, écrivait-il. Je suis chez moi ici. Tôt ou tard, l'Angleterre sera forcée de nous rendre la Nouvelle-France.» Il disait vrai.

Les Kirke s'étaient montrés courtois à son égard. Après tout, un chirurgien habile pouvait toujours être utile!

Pour protéger leur commerce de pelleteries, les gens de la Compagnie des Cent-Associés, fort mal en point et presque ruinés par le pillage des vaisseaux de Caen, étaient également restés sur place pour protéger ce qui restait. Avec l'aide de Dieu, ils attendaient que les choses se rétablissent en leur faveur*.

«Sans les Iroquois, précisait le beau-frère Du Chesne, la vie serait belle et agréable en Kannata.»

Les Iroquois! Les marins en parlaient avec une crainte respectueuse. Sournois et cruels, terribles au combat, ils rendaient la vie intenable aux colons de Québec, de Trois-Rivières et de Ville-Marie, principaux postes de traite établis dans la vallée du Saint-Laurent.

Tous ces événements passionnaient le jeune Charles, d'autant plus que son père et les amis de ce dernier en discutaient sans arrêt: la Nouvelle-France était au cœur de nombreux débats.

---

* De 1629 à 1632, Champlain fit plusieurs voyages à Londres pour obtenir des Anglais la restitution de la Nouvelle-France. En mars 1632, le traité de Saint-Germain-en-Laye redonna les territoires du Québec et de l'Acadie à la France. Le 22 mai 1633, Champlain revint à Québec.

Il y avait aussi les jésuites. Charles fréquentait leur maison et il se ne passait pas un jour sans que ses maîtres ne parlent de leurs missions en Kannata.

Pour Pierre Le Moyne, il était clair que son fils aîné manifestait un intérêt disproportionné pour la Nouvelle-France.

— Vous êtes un peu jeune pour vous lancer dans une pareille aventure, lui disait son père, non sans indulgence, étonné par la détermination de son fils. La Nouvelle-France n'est pas de tout repos.

— Elle a besoin de jeunes gens entreprenants, père, de bras solides et de cœurs valeureux.

— Tout cela est vrai, mon fils, mais le Kannata est loin. Attendons d'autres nouvelles de votre oncle Adrien. Nous verrons s'il est possible de réaliser votre vœu.

Dans l'intervalle, le supérieur des jésuites causa toute une surprise à Pierre Le Moyne en se présentant à l'improviste à son cabaret.

— Je crois, dit-il, que Charles serait une excellente recrue pour nos missions en

Nouvelle-France. Y voyez-vous un inconvénient?

— Aucun. Mais que fera-t-il là-bas?

— Vous savez, la besogne ne manque pas et nous avons un urgent besoin de bons interprètes.

— Mais a-t-il des dispositions pour apprendre des langues étrangères? s'étonna le brave cabaretier.

— N'en doutez pas, mon cher Pierre. Votre fils aîné a une intelligence très vive.

— Mais il a à peine quinze ans!

— Sous notre égide, il apprendra très vite. Faites-lui confiance!

Pierre pensait à son propre métier d'aubergiste, à l'avenir de ses enfants, aux guerres incessantes, longues et meurtrières*, aux travailleurs écrasés par les taxes et la dictature royale, bref, à une kyrielle de maux qui laissaient peu de place à un avenir sûr. La Nouvelle-France était en fait probablement le meilleur débouché pour les jeunes. La

---

* La guerre de Trente Ans, qui opposait catholiques et protestants, avait trouvé son prolongement dans un conflit franco-espagnol.

France monarchique d'alors — comme la plupart des pays européens — tenait les citoyens dans l'étau d'un pouvoir despotique.

Pierre Le Moyne en était là à se demander ce que serait sa décision par rapport à son fils Charles, lorsqu'il apprit que le frère de sa femme Judith était en France, mandé par le roi. Cette visite tombait à pic ; Adrien ne repartirait pas pour le Nouveau Monde sans passer par Dieppe pour embrasser sa sœur et prendre des nouvelles de la famille.

Charles réussit à intercepter son oncle Adrien avant qu'il ne voie sa sœur. Il demanda un tête-à-tête avec le chirurgien dans le but d'apaiser son insatiable curiosité. L'oncle était indulgent et compréhensif.

— Nous en discuterons avec vos parents, mais je crois avoir de bonnes nouvelles pour vous, Charles.

— Vous voulez dire que je pourrai faire mes bagages ?

— Ne prenez pas le mors aux dents, mon ami. Tempérez vos ardeurs ! La décision finale incombe à vos parents.

Évidemment, Pierre Le Moyne se rendit aux arguments de son beau-frère.

— Si l'avenir de mes enfants passe par la Nouvelle-France, cher Adrien, qu'ils s'embarquent. Je serai peiné de les voir partir, mais je suis rassuré sachant que vous leur apporterez votre soutien. Que Charles fasse ses préparatifs. Et quand partez-vous ?

— Dans quelques semaines, nous ferons voile vers la Nouvelle-France*.

Charles quitta Dieppe** avec de minces ressources, mais le cœur en fête.

— Ne vous inquiétez pas, lui avait dit son oncle. Sous mon toit, vous ne manquerez de rien.

La traversée de l'Atlantique, qui paraissait si longue à certains, lui parut courte. En entrant dans la vallée du Saint-Laurent, les paysages somptueux l'émerveillèrent. Quoique *Les Relations des Jésuites* aient été un bon guide, il n'avait jamais rien vu de pareil et il se sentait exalté à l'idée qu'il s'en irait en Huronie y apprendre des langues nouvelles.

En 1656, l'année où Charles Le Moyne débarqua à Québec, le gouverneur Lauson

---

* L'un de ses frères, Jacques, et deux de ses sœurs, Anne et Jeanne, viendront le rejoindre un peu plus tard en Amérique.

** Voir l'épilogue à la page 83.

administrait les maigres effectifs d'une colonie toujours peu peuplée et aux prises avec les raids dévastateurs des Iroquois, de plus en plus frondeurs à mesure qu'ils accumulaient les succès militaires.

La Huronie avait été détruite presque entièrement par les attaques iroquoises et par les maladies infectieuses véhiculées dans les villages par les premiers missionnaires imposés par Champlain en 1632.

L'équilibre du troc traditionnel entre les nations indiennes avait été balayé au bénéfice des produits français. Rien n'était plus pareil.

Les valeurs millénaires, religieuses et sociales, incluses dans les traditions basculaient elles aussi sous la pression des «robes noires» qui remplaçaient progressivement les sorciers.

Charles Le Moyne arrivait à un moment où la population globale de la colonie comptait à peine 2000 habitants. Elle était composée de gens d'Église, de gens de métier, de commerçants, d'une centaine de bourgeois, d'une poignée de nobles et de sous-fifres. Plus nombreux que les défricheurs et les fermiers, les hommes de métier, faute d'une clientèle régulière, s'adonnaient à toutes sortes de petits commerces, licites ou illicites, pour tirer leur épingle du jeu.

Armés par les Anglais et les Hollandais, embusqués à des carrefours stratégiques, les Iroquois avaient démantelé la route initiale de la fourrure. N'eût été l'intervention de Radisson et de Chouart Des Groseilliers, la colonie aurait été balayée par un désastre financier.

Charles Le Moyne prenait souche au pays à un moment critique, la Nouvelle-France, vingt-cinq ans après la mort de Champlain, n'ayant pu atteindre une croissance normale.

Chapitre 2

Sur le sentier de la guerre

Physiquement, Charles Le Moyne ne ressemblait en rien au colosse François Dollier de Casson, personnage pittoresque dont les tours de force épataient.

Capitaine de cavalerie à dix-neuf ans, sous les ordres de Turennes, ayant plus tard troqué l'habit militaire pour la soutane, Dollier, devenu sulpicien, s'était pris d'amitié pour le jeune Charles.

De taille moyenne, d'allure costaude et d'une grande endurance, Le Moyne avait fortifié son corps au contact des Hurons qu'il avait suivis durant plus de quatre ans à la chasse ou à la guerre.

Une force tranquille émanait de Charles Le Moyne; dans son visage aux traits réguliers, les yeux pénétrants brillaient d'intelligence. Ceux qui l'approchaient devinaient très vite la qualité de l'homme. Sa générosité naturelle était accentuée par son vécu en Huronie, une société où la règle du jeu était le partage des biens.

Dans la vieille France monarchique de Louis XIV, la lutte pour la vie, contrairement à celle des Indiens, reposait sur un individualisme forcené et une hiérarchie complexe.

Les Français, au contact des Hurons, découvraient le sens de la liberté, des valeurs démocratiques, inexistantes dans leur pays. Une fois qu'ils avaient goûté et savouré l'ivresse d'un affranchissement du pouvoir royal, ils devenaient automatiquement des rebelles en puissance tels les indomptables coureurs des bois.

Même s'ils étaient tributaires de la métropole (la colonie ne pouvait se suffire à elle-même), les Canadiens qui peuplaient les rives du Saint-Laurent avaient eux aussi le goût de la liberté. Les voyageurs de passage en Nouvelle-France notaient ces différences. Les Français qui avaient pris souche au pays, tels Robert Giffard, Guillaume Couture, Pierre Boucher et tant d'autres, de même que leurs enfants nés dans la colonie, démontraient un esprit nouveau.

Dans la vallée du Saint-Laurent, naissait peu à peu un peuple vigoureux, distinctif des Français d'outre-mer.

* * *

La carrière de Charles Le Moyne, qui était devenu militaire et interprète à Trois-Rivières, allait prendre un nouveau tournant.

Située au carrefour des routes de la traite des fourrures, Ville-Marie n'avait pas tardé à supplanter Québec et Trois-Rivières, mais sa position géographique la rendait vulnérable, les bandes iroquoises la harcelant. Il ne se passait pas une journée sans que des colons soient enlevés ou tués et les maisons incendiées.

Lambert Closse avait intercédé auprès de Maisonneuve pour que Le Moyne — un risque-tout et son meilleur ami — joigne les rangs des défenseurs de Ville-Marie, à certains moments si dangereusement menacée que ses dirigeants ne pensaient pas pouvoir la sauver d'un massacre général.

— La présence de Le Moyne est indispensable, plaida-t-il, avec sa fougue habituelle.

Dans les circonstances, nous avons davantage besoin de bons soldats que d'interprètes, soutenait Closse.

Permuté dans le poste assiégé, Le Moyne allait vivre désormais sur les dents, effectuant autant de sorties que nécessaire contre les implacables Iroquois et devenant une sorte de héros au quotidien. Dès qu'une famille de colons était en danger, il sortait du poste pour se porter au secours des victimes.

Le sacrifice de Dollard Des Ormeaux et de ses compagnons à Long-Sault* avaient un temps freiné les raids des Iroquois, mais ces derniers s'étaient promis de raser Ville-Marie.

À tout moment, on réclamait l'aide de Charles Le Moyne pour se sortir d'un mauvais pas ou lui signaler la présence d'une troupe ennemie dans les environs de Ville-Marie. Il décrochait son fusil, recrutait une douzaine de solides gaillards et s'enfonçait sous le couvert de la forêt toute proche.

Un de ces jours, parti à la recherche de fermiers enlevés par un commando d'Iroquois, Le Moyne se lança avec quatre hom-

---

*   Voir l'épilogue à la page 83.

mes sur la piste des ravisseurs et tomba inopinément sur une vingtaine d'Iroquois. Camouflé derrière des troncs d'arbres, il ouvrit le feu, tua plusieurs guerriers et mit les autres en fuite.

À une autre occasion, aidé par une quinzaine de colons, il fit face à une troupe de trois cents Iroquois et, avant que ceux-ci ne soient revenus de leur surprise, en descendit une trentaine. Les autres prirent la fuite. D'une grande habileté dans le maniement des armes, Le Moyne visait juste.

Toutes ses actions d'éclat, les victoires accumulées contre un ennemi cent fois plus nombreux, lui firent une réputation de héros invincible et de sauveur incontesté de Ville-Marie.

Avant-poste de traite à deux pas de la rivière des Outaouais, secteur de prédilection des bandes iroquoises, Ville-Marie était une proie facile, la défense du fort n'étant assurée que par un petit nombre de militaires.

Quoique l'intendant Talon ait fait un effort particulier en ce sens, alors que les colonies anglaises se peuplaient rapidement et montraient une grande vitalité, la France n'avait pas réussi, même avec la Compagnie des Cent-Associés*, à peupler décemment la Nouvelle-France, soixante-dix ans après la fondation de Québec.

De nouveaux établissements naissaient ici et là dans le haut Saint-Laurent et le long de la rivière Richelieu, mais ils restaient isolés et vulnérables. Sorel, Berthier, Verchères, Varennes, Chambly, Contrecœur, Rougemont, Lavaltrie, Saint-Ours ne formaient pas un véritable rempart contre la menace iroquoise.

La pratique d'offrir des terres aux militaires ne fut pas vraiment concluante. Maisonneuve (1642-1665) se plaignait amèrement de la pénurie de colons** et se laissait souvent aller à un profond découragement.

Il comparait parfois les succès des Espagnols en Amérique du Sud avec les efforts français plus au nord.

— Bien que je sois optimiste de nature, disait-il à ses collaborateurs, notre aventure

---

* En retour de ses privilèges, la Compagnie des Cent-Associés formée par le cardinal Richelieu avait l'obligation de peupler progressivement le territoire de la Nouvelle-France.

** Un peu avant la mort de Maisonneuve, la population globale de la Nouvelle-France ne dépassait pas 2500 âmes.

en Nouvelle-France est mal engagée. Pour bâtir un pays, il faut du monde, ce que nous refuse la métropole.

Dans le cas de la Nouvelle-France, entreprise à caractère mercantile et religieux, on ne pouvait donc pas parler de succès mais plutôt d'une série de coups de force pour se maintenir en Amérique. Versailles, la capitale française, n'avait pas une politique véritable de colonisation et de peuplement avant l'arrivée de Tracy et de Talon, qui débarquèrent au pays en 1665 avec le régiment de Carignan-Salières formé de 1300 militaires dont la mission première était d'imposer par la force la paix aux Iroquois.

Malgré des renforts importants, la guerre d'embuscade se poursuivait inlassablement: les Iroquois, après de vagues traités de paix, avaient repris le sentier de la guerre pour massacrer les colons français.

Un jour, ils réussirent même à s'emparer de Le Moyne et à le mettre au poteau de torture.

— Prépare-toi à mourir! lui dirent-ils. Nous te brûlerons à petit feu et nous verrons la force de ton courage.

— Eh bien, si je dois quitter cette terre, je vais entonner ma chanson de mort, dit

Le Moyne qui, loin de trembler, narguait ses bourreaux. Vous n'êtes que des enfants. Si vous pensez entendre une seule plainte sortir de ma bouche, détrompez-vous! Laissez-moi vous parler un peu. Ce que j'ai à dire est important.

Ils firent cercle autour de lui pour l'écouter.

— Vous tuerez mon corps, mais pas mon esprit. Mon esprit sera comme une ombre qui s'attachera à vos pas. Et Ononthio, pour me venger, enverra une armée pour détruire vos villages. Croyez-vous un seul instant que ma mort vous procurera des avantages? Détrompez-vous! Elle sera la source de tant de malheurs que vous vous souviendrez toujours de celui que vous nommiez la Perdrix.

Ébahis par un tel discours, les Iroquois le détachèrent. Après s'être proclamés ses amis, ils l'escortèrent en ambassade jusqu'à Ville-Marie.

Beaucoup le croyaient mort, dont sa femme, Catherine Primot, qu'il avait épousée entre deux bagarres.

L'arrivée de Le Moyne à Ville-Marie provoqua une véritable commotion. Ce fut aussi une joie pour tous d'apprendre que les Iroquois proposaient une trêve. Pour combien de temps? Dieu seul le savait.

Inconstants, imprévisibles et très émotifs, les Iroquois étaient largement influencés par leurs principaux fournisseurs, les Anglais de fort Orange et les Hollandais de New Amsterdam. L'enjeu: le commerce des pelleteries.

Après avoir éliminé bon nombre de concurrents, dont les Hurons qui durent se disperser et trouver de nouvelles alliances pour survivre, les Iroquois — militaristes, impérialistes et expansionnistes — se croyaient assez forts pour imposer partout leurs quatre volontés et s'emparer des routes de la traite. Ils ne se doutaient pas qu'ils servaient de tampon aux ambitions des deux grandes puissances européennes, la France et l'Angleterre*.

* * *

De simple interprète qu'il était en 1645, Charles Le Moyne était devenu un membre

---

*   Les traités de Ryswick (Pays-Bas), signés en 1697, sonnèrent le glas de la nation iroquoise. La paix étant intervenue entre la France et l'Angleterre, les Anglais cessèrent d'approvisionner les Iroquois en matériel de guerre. Ces derniers, qui comprirent trop tard qu'ils avaient été les dindons de la farce, s'empressèrent donc, à l'été de 1701, de signer une paix durable avec les Français.

de l'élite de la colonie. Pour le récompenser de son dévouement exemplaire, Louis XIV lui accorda des titres de noblesse en plus du titre de seigneur de Longueuil. Outre d'assumer la charge de procureur du roi pour l'étendue du territoire de Ville-Marie, il reçut aussi par l'intermédiaire de l'intendant Jean Talon, le fief de Châteauguay, qui agrandit énormément ses domaines.

Bien que les honneurs et les récompenses eussent propulsé Le Moyne au sommet de sa société, il restait, comme interprète et ami des Indiens, l'ambassadeur par excellence des gouverneurs de la Nouvelle-France, qui ne cessaient de lui confier des missions spéciales pour que la paix soit maintenue dans la vallée du Saint-Laurent.

Les interprètes jouaient un double rôle : consolider les fragiles alliances et activer le commerce des fourrures. Les missions confiées à des individus tels Étienne Brûlé, qui vécut à Toanché sur la péninsule de Penetanguishene ; à Jean Nicolet de Belleborne, qui partagea pendant plusieurs années la vie des Nipissingues, ou encore à Charles Le Moyne, s'inscrivaient dans une démarche à la fois politique et commerciale. Dans un premier temps, il fallait apprendre les langues des peuples autochtones ; dans un deuxième temps, convaincre les fournisseurs d'accumuler de plus en plus de peaux pour le troc.

Depuis le voyage de Domagaya et Taïognagny, les fils de Donnacona kidnappés par Cartier en 1534, et revenus sains et saufs sur leur sol natal, les Indiens avaient beaucoup appris sur la valeur des marchandises obtenues à prix dérisoire en Europe et échangées pour des peaux en Nouvelle-France.

Ils avaient compris qu'ils se faisaient royalement rouler — autant par les Français que par les Anglais ou les Hollandais — et imaginèrent toutes sortes de mécanismes de redressement de la situation.

Le principe du commerce, selon eux — ils étaient de grands commerçants — ne reposait pas sur le profit mais sur une notion plus déterminante: la redistribution, les cadeaux et le prestige. Ce que l'on prenait d'une main, on le rendait de l'autre. Tout était mis en commun pour le mieux-être de la communauté.

Champlain, homme dévoué mais borné, n'avait jamais pu comprendre la dimension spirituelle, politique et commerciale de ses alliés à qui il voulait imposer de gré ou de force le modèle despotique français. Ses erreurs de jugement avaient même permis aux frères Kirke de s'emparer de Québec, avec l'aide des Montagnais.

Les Indiens des plaines du Saint-Laurent ne prenaient pas à la légère leur alliance avec les Français; il fallait que celle-ci suive son cours dans un climat de confiance mutuelle. Le marchandage les horripilait.

Issus pour la plupart d'un milieu modeste, méprisés dans leur société par la caste dominante et limités dans leur évolution par les contraintes et les tabous, les interprètes* tel Charles Le Moyne se trouvaient avantagés et valorisés en Nouvelle-France.

Considérés comme des ambassadeurs par les chefs indiens, traités avec déférence, écoutés et consultés, ils ont pris souche dans leur pays d'adoption, consacrant une rupture définitive avec leur terre natale.

En revanche, les chefs indiens invités à séjourner en France n'y retournaient pas. Habitués à vivre dans une liberté totale, sans

---

* À des fins partisanes, les historiens d'obédience catholique, les jésuites et les récollets, ont présenté une vision mythique de la réalité canadienne dans leurs ouvrages, déformant ainsi les faits.

entraves, sans lois établies ni gendarmes pour sévir et emprisonner, ils revenaient profondément déçus et choqués par tout ce qu'ils avaient vu.

* * *

Charles Le Moyne, un homme mesuré et réaliste, éprouvait beaucoup de plaisir à se confier à Lambert Closse, son grand ami et associé, et à partager des opinions sur leur cheminement respectif.

— Retourneriez-vous vivre en France? demandait Le Moyne.

— Jamais, mon ami. Monsieur de Maisonneuve m'a déjà posé la question.

— Ah! Et quelle réponse lui avez-vous donnée?

Closse souriait, bon enfant.

— «Si vous me trouvez un meilleur pays, j'y réfléchirai», lui ai-je dit. «Eh bien, mon cher Closse, vous êtes dans de si bonnes dispositions que je vous serais reconnaissant de me remplacer temporairement — durant mon séjour en France — au commandement de Ville-Marie» a-t-il répliqué. «Avec joie, Monsieur le gouverneur», lui ai-je finalement dit.

Né en 1630, à Mogues, dans le canton de Carignan, Lambert Closse s'était installé en Nouvelle-France à l'âge de dix-huit ans, sept ans après Charles Le Moyne.

Tout d'abord tabellion, il avait finalement opté pour la carrière militaire. En 1657, il épousait Élisabeth Moyen, fille de Jean Moyen, sieur des Granges, colon installé à l'île aux Oies, autre secteur dangereux.

Deux ans plus tôt, une troupe iroquoise avait fondu sur la fermette isolée de Jean Moyen, qui fut tué de même que sa femme. Leurs enfants, Élisabeth (quatorze ans) et Marie (six ans) furent emmenées dans les villages iroquois. Elles subirent de nombreux sévices et privations et, finalement, elles furent ramenées à Ville-Marie et libérées dans un échange de prisonniers, Lambert Closse négociant leur libération. Il se jura dès lors de veiller sur les orphelines*.

Le Moyne ne cachait pas qu'il devait la vie à l'intervention et au sang-froid de la jeune femme de Closse.

---

*   Lambert Closse épousa Élisabeth, mais le mariage ne dura que cinq ans, puisque Closse perdit la vie dans un affrontement avec les Iroquois le 6 février 1662. Devant les Iroquois, ses pistolets s'enrayèrent. Sa femme lui survécut pendant soixante ans. Elle mourut à l'âge de quatre-vingt-un ans, soit le 3 juin 1722.

— Sans elle, disait-il à qui voulait l'entendre, mon scalp serait probablement suspendu à un piquet à la porte d'une cabane.

Un matin, alors qu'il se rendait couper du bois avec une dizaine de colons, des guerriers iroquois quittèrent le couvert de la forêt et fondirent sur les colons imprudents, partis sans leurs armes.

Plus avisé, Le Moyne dégaina et fit face à la meute hurlante. Il se demandait par quel miracle il sortirait de ce pétrin, lorsque la jeune femme de Closse survint au pas de course, une brassée de fusils entre les bras, jetant au passage les armes aux colons.

Ce tintamarre alerta les gens de Ville-Marie qui se portèrent au secours du groupe de Le Moyne, lui-même étant à bout de munitions.

Par son sang-froid et son courage, Élisabeth Moyen avait empêché un massacre, et Le Moyne lui gardait une solide admiration pour son beau geste.

Tous deux des personnages importants de Ville-Marie, Le Moyne et Closse formaient une rare paire d'amis unis par les goûts, les intérêts et les aventures.

Chapitre 3

Frontenac recourt au talent de Le Moyne

La Huronie que Charles Le Moyne avait découverte dans le sillage des jésuites n'avait rien de commun avec les petits villages de Normandie aux maisons de pierre et de bois.

Les bourgades indiennes n'étaient pas des villes au sens usuel du terme, mais un assemblage de longues maisons soutenues par des pieux et recouvertes de larges écorces de bouleau et de peaux de bêtes. Les habitations abritaient plusieurs familles ; les occupants protégeaient leur intimité par des peaux suspendues entre les alcôves. Sur les planchers de terre battue, pour s'isoler du froid, on jetait des peaux d'ours qui formaient des tapis d'une propreté douteuse.

Les missionnaires vivaient dans des installations similaires à celles des Hurons,

sans confort aucun, notion inconnue des no-
mades, les villages étant déplacés au fur et à
mesure que le rendement des terres cultivées
diminuait. Les Indiens, qui ignoraient les
techniques de rotation des cultures, tiraient
ce qu'ils pouvaient d'un lopin de terre et
l'abandonnaient pour recommencer ailleurs
le même procédé.

À son arrivée au pays, Charles avait été
plongé dans un monde si loin du sien qu'il en
avait éprouvé un vif saisissement. Toutefois,
il s'adapta très vite à un mode de vie aventu-
reux, les jésuites quittant une rivière pour
entrer dans une autre, car les missions
étaient éparpillées sur un immense territoire.

Les missionnaires n'avaient pas la partie
facile et se donnaient beaucoup de mal pour
convertir et baptiser des Autochtones, presque tous déroutés par un enseignement qu'ils
ne comprenaient pas, aux antipodes de leur
culture et de leurs croyances.

Les jésuites passaient pour des sorciers et
des chamans; nantis de pouvoirs étendus,
croyait-on, ils pouvaient tout aussi bien —
par leur rituel et leurs médailles — être responsables des nombreux malheurs qui affli-
geaient les communautés huronnes.

L'épidémie de petite vérole survenue une vingtaine d'années plus tôt restait présente dans la mémoire des survivants. Elle avait pris naissance chez les Algonquins pour s'étendre rapidement à la Huronie, tuant des milliers de personnes et réduisant de moitié la population.

L'ampleur du désastre, la mort massive des enfants et celle des vieillards qui emportaient dans la tombe les secrets de la guerre, du commerce et des arts, avaient désorganisé dramatiquement la nation huronne, maintenant condamnée à perdre progressivement son indépendance au profit des Français.

Les responsables de calamités en série ne pouvaient être que les «robes noires» qui se livraient à la sorcellerie, commandaient à la maladie d'entrer dans les longues maisons et de punir les occupants qui refusaient d'écouter leurs enseignements. Du moins, c'est ce que les Indiens pensaient.

Le jeune Charles Le Moyne ne tarda pas à se rendre compte que les Hurons avaient la mémoire longue, que l'animosité d'un grand nombre d'entre eux contre les jésuites compliquait singulièrement leur tâche. Et quand les Indiens se mettaient à avoir des visions, à interpréter collectivement leurs rêves, à chercher des coupables, l'hystérie collective n'était pas loin. D'un esprit pragmatique, Charles Le Moyne ne fut pas long à comprendre que son apprentissage des langues nécessitait de sa part une bonne dose de diplomatie, de souplesse et d'intégration.

Vêtu à la manière huronne, Le Moyne ne cherchait pas à catéchiser ses interlocuteurs et partageait avec eux les plaisirs de la chasse et de la pêche. Après s'être enrôlé à l'école orale des Hurons, il gagna très vite leur amitié. Un an plus tard, il parlait les langues huronnes dont l'algonquin, langue-mère d'une douzaine de dialectes. Il en était même arrivé, physiquement, tant par sa peau hâlée que par ses vêtements, à passer pour un authentique Huron.

Cette métamorphose n'échappa pas aux jésuites. Charles Le Moyne étonnait par son brio à converser et à ébaudir ses compagnons en tenant de longs discours: les Hurons prisaient l'art oratoire autant que l'art de la guerre. Emporté par de beaux élans lyriques, Charles Le Moyne savait toucher la corde sensible de ses auditeurs.

Beaucoup plus tard, lorsqu'il fut bien intégré au milieu, que sa folle témérité et ses audaces au combat eurent conquis ses plus farouches opposants, on lui donna le surnom d'Akouessan, dit la Perdrix, à cause de sa facilité à paraître là où on ne l'attendait pas et à disparaître au moment où ses poursuivants croyaient le surprendre.

* * *

Ayant eu des mentors aussi respectés que les pères Jogues et Brébeuf, deux piliers de la catéchisation en Nouvelle-France, Charles Le Moyne avait beaucoup appris, surtout de Brébeuf, un grand mystique animé d'une détermination qui le poussait souvent à des excès de zèle, comme tous les missionnaires de son temps.

Pour les Hurons, le religieux s'adonnait à des choses insolites et incompréhensibles. Se mortifier publiquement en se flagellant avec un fouet garni de boules de fer ou porter un silice sous ses vêtements étaient des épreuves que les guerriers de la Huronie, pourtant habitués à subir la souffrance sans geindre depuis leur tendre enfance, ne parvenaient pas à comprendre. Mortifications inutiles et dérisoires, pensaient-ils.

Au lieu d'affirmer leur autorité, les jésuites, par leur exhibitionnisme, se rendaient suspects aux yeux de néophytes qui reconnaissaient le courage dans les actions d'éclat, sur le champ de bataille ou au poteau de torture. Ces spectacles d'autoflagellation confirmaient les accusations de leurs sorciers à l'effet que les «robes noires» se battaient contre des «démons intérieurs» responsables de leurs malheurs.

Les compagnons de Charles Le Moyne ne manquaient pas de l'interroger sur les coutumes étranges des missionnaires et leur manque d'aptitude à apprécier les bienfaits de la vie prodigués par la main généreuse du Grand Esprit.

Il y avait un temps pour aimer, pour rire, pour s'amuser, un autre pour se battre et pour mourir. La philosophie des jésuites entrait en pleine contradiction avec celle de gens frustes et simples liés spirituellement aux manifestations de la nature, leur grande source d'inspiration.

Tout bon catholique qu'il fût, Charles Le Moyne n'était pas toujours entiché par certaines pratiques de ses maîtres à penser. Trop de zèle et de vertu finissent par lasser.

Sa connaissance de plusieurs langues, son expérience pratique sur le terrain, son goût inné pour les affaires à caractère militaire l'incitèrent à choisir la carrière de soldat, et non celle de missionnaire. La Nouvelle-France en avait bien besoin.

Sa requête fut automatiquement acceptée et c'est en qualité d'interprète qu'il s'était retrouvé à Trois-Rivières, au cœur du réseau de la traite.

Très vite, il avait démontré des qualités de meneur et peu à peu, on l'avait invité à donner son avis sur des questions importantes; même Frontenac, à ce moment-là gouverneur de la colonie, le jugeait de bon conseil.

Charles Le Moyne se plaisait à Trois-Rivières. À tout moment, malgré sa jeunesse, on le mobilisait pour des tâches de négociateur dans des affaires litigieuses.

* * *

Au nom du gouverneur Frontenac, les chefs iroquois furent convoqués en 1673 au lac Ontario. Cette démarche politique et militaire visait deux buts principaux: préparer, avec l'aventurier Robert Cavelier de La Salle, l'expansion de la Nouvelle-France pour mieux accaparer les routes de la traite des fourrures et s'assurer de la neutralité et de la collaboration des tribus iroquoises.

D'un caractère altier, vif et pénétrant, Frontenac avait fait venir Charles Le Moyne pour lui expliquer son plan et le charger d'un mandat spécial.

— Cette expédition a une importance capitale. Nous devons impressionner les Iroquois. Et la meilleure façon de le faire, c'est de nous préparer en conséquence. J'ai pensé à vous, Monsieur Le Moyne. Votre expérience du milieu me serait précieuse.

— Vous me faites beaucoup d'honneur, Monsieur le gouverneur. En quoi puis-je vous être utile ?

— En vous chargeant des préparatifs.

Le Moyne avait souscrit au désir de Frontenac, tout heureux de pouvoir compter sur l'expérience d'un homme qui ajoutait à ses connaissances celle des langues indiennes.

Charles Le Moyne se mit aussitôt à la tâche, se rappelant les derniers conseils de Frontenac : mettre l'accent sur l'expédition et ne rien négliger pour qu'elle surprenne par son ampleur et son faste.

Le 29 juin 1673, l'année où Jolliet et le père Marquette découvrirent le Mississippi, une immense flottille regroupée sur le lac Saint-Louis s'ébranla, cap vers le lac Ontario.

Le beau temps s'était mis de la partie et les participants de l'expédition connaissaient la nature d'une démarche qui, si elle réussissait, écarterait le danger de la guerre iroquoise.

Sous les directives de Le Moyne, cent vingt canots portant quatre cents hommes et du matériel de soutien (vivres et munitions) quittèrent le lac Saint-Louis pour le lac Ontario.

Le Moyne voyageait dans l'une des quatre escadres qui formaient, pourrait-on dire, le nez de cette armada particulière, imposante par son déploiement. Suivaient dans l'ordre deux bateaux à fond plat que Le Moyne avait fait peindre en bleu, en blanc et en rouge pour qu'on les vît de loin, embarcations équipées de plusieurs canons.

Suivait le vaisseau sur lequel se trouvait Frontenac et sa suite, l'arrière-garde étant formée par deux ailes compactes, soit l'escadre de Trois-Rivières et celle du peloton huron-algonquin.

Cette parade militaire était vraiment spectaculaire et Frontenac se félicitait d'avoir eu la main heureuse avec Charles Le Moyne, un homme qui avait le sens du spectacle.

En arrivant au lac Ontario, Frontenac fit placer la flottille en ordre de bataille et mit pied à terre sur le site sélectionné par son maître d'œuvre.

Ses hommes se déployèrent et formèrent une longue haie au milieu de laquelle les chefs iroquois devaient passer pour atteindre la tente du gouverneur, mise en scène qui laissait aux visiteurs une impression de force et de puissance.

Il avait été convenu que Le Moyne, interprète officiel, amènerait chaque jour trois ou quatre chefs iroquois à la table du gouverneur et qu'il traduirait les propos de Frontenac.

Garakontié, chef des Iroquois Onontagués et capitaine des Cinq-Nations, avait pu convaincre ses compagnons, dont Torontishati, terrible ennemi des Français, de venir au rendez-vous d'Ononthio.

— Le gouverneur Frontenac vous invite. Il connaît vos réticences, avait dit Garakontié. Si vous refusez son invitation, vous ignorerez beaucoup de choses. Vous ne verrez les Français qu'à travers les échos malveillants colportés par leurs détracteurs. Le grand Ononthio dit: «Prenez place à ma table! Partageons les mêmes joies! Envisageons l'avenir avec sérénité et nouons des liens indestructibles.»

Garakontié, qui avait joué un rôle important sous d'Argenson, d'Avaugour et plus tard, sous d'autres gouverneurs, se montra convaincant. Tous venaient s'asseoir à la table d'Ononthio dressée dans le décor d'une nature exubérante. Le Moyne traduisait au fur et à mesure les paroles rassurantes qui sortaient de la bouche de Frontenac.

— Mes enfants, mes chers enfants. Des esprits mal tournés ont prétendu que je venais dans ces cantons pour détruire vos villages... que je voulais rompre l'union qui existe entre nous. À vrai dire, je n'ai d'autre dessein que de vous connaître et de vous dire qu'il m'est agréable de vous rencontrer. Il était temps qu'un père se préoccupe de ses enfants et vienne les voir. Mon seul déplaisir est de ne pouvoir m'exprimer dans votre langue pour vous dire pleinement quels sentiments généreux m'habitent. Mais mes paroles sont traduites fidèlement par un homme que vous respectez et que vous appelez Akouessan. Nous allons construire un fort ici pour vous éviter les longs trajets. Vous pourrez y apporter vos fourrures dans les meilleures conditions. Vous vous éviterez ainsi des fatigues inutiles.

Pendant que Frontenac palabrait avec ses invités, qui prenaient grand plaisir à voir un hôte chaleureux et généreux — il distribuait maints cadeaux à la ronde: fusils, poudre, plomb, tabac, manteaux, chemises et couvertures —, les menuisiers entreprenaient, sous les yeux des Iroquois éberlués par tant d'adresse, de construire le fort Frontenac* et d'élever une palissade. Charles Le Moyne allait d'un groupe à l'autre pour vanter les mérites du gouverneur et consolider ainsi sa réputation de chef valeureux qui recherchait la paix, gage de prospérité.

— Notre Père à tous, Ononthio est sage et puissant, répétait Le Moyne. Il aime davantage la paix que la guerre.

Garakontié reconnaissait que si Frontenac pouvait déplacer autant d'hommes et de

---

* Le fort Frontenac, à Cataracoui, fut construit sur le site actuel de la ville de Kingston, en Ontario.

matériel pour la paix, il pouvait également le faire pour la guerre. D'autant plus que l'allure royale de Frontenac en imposait. Si le gouverneur n'était que le serviteur du grand roi, que pouvait être son maître au-delà des mers?

Même les ennemis jurés des Français, tel Torontishati, étaient impressionnés par le personnage de Frontenac; devant sa tente aux couleurs voyantes, il paradait dans ses plus beaux atours et se montrait affable et bienveillant.

Cette expédition pacifique, menée rondement avec l'apport précieux de Charles Le Moyne, eut des effets positifs pour la paix et contribua fortement à rassurer provisoirement colons et marchands. La guerre franco-iroquoise était coûteuse en vies humaines, et cette trêve laissait un peu de répit aux pionniers de la Nouvelle-France, même si un simple incident suffisait à réveiller les ardeurs belliqueuses des Iroquois.

Sur le chemin du retour, Frontenac ne ménagea pas ses compliments à Charles Le Moyne.

— Je vous tire mon chapeau, Monsieur. Vous avez été non seulement un habile négociateur avec les différents clans, mais votre assistance comme interprète a été l'un des atouts de notre succès. Le roi vous en sera reconnaissant.

— Vous m'en voyez ravi, Monsieur le gouverneur.

En lui-même, Charles Le Moyne, homme avisé, songeait depuis un certain temps à utiliser pour son propre usage ses dons et ses connaissances. Les circonstances allaient lui permettre de devenir l'un des plus importants traiteurs de la colonie, les pionniers ne pensant qu'à une chose : s'enrichir très vite avec le commerce des pelleteries.

Charles Le Moyne n'échappait pas à la règle commune. Tout comme pour Frontenac, impliqué avec La Salle dans le commerce de la traite, ou pour la plupart des administrateurs nommés par le roi, ou encore pour les militaires, les intérêts personnels passaient bien avant la grandeur de la France en Amérique.

La route du castor, symbole du succès, était une voie naturelle pour bâtir sa fortune et s'élever dans la hiérarchie sociale de l'époque.

Bien sûr, Charles Le Moyne n'était pas né grand seigneur. Il n'avait pas eu tel

Frontenac la chance d'avoir le roi lui-même pour parrain. Mais, pour le courage, la bravoure, l'intelligence, le sens des affaires, ce fils d'un simple aubergiste dépassait de cent coudées la plupart des gens de son temps.

Chapitre 4

Une association avec Jacques Le Ber

Ville-Marie connut un instant de répit durant lequel Charles Le Moyne put à loisir s'occuper de sa famille et de ses affaires.

Avec trois enfants sur les bras, Charles qui sera plus tard baron de Longueuil, Jacques, sieur de Sainte-Hélène, et Pierre (Iberville), qui rendra illustre le nom des Le Moyne, Dame Catherine n'avait guère le temps de chômer.

Maisonneuve, alors gouverneur de Ville-Marie, appréciait vivement Charles le Moyne, à qui il vouait une solide amitié. Le jour du mariage des jeunes gens (28 mai 1654), Maisonneuve, en signe de reconnaissance pour les services rendus par Charles à Ville-Marie, leur octroya un lot de quatre-

61

vingt-dix arpents, à la Pointe Saint-Charles, de même qu'un terrain où le couple construisit plus tard une maison. Jusque-là occupé à combattre les Iroquois, Charles n'avait guère eu le loisir de mettre son bien en valeur.

— Ma chère femme, le jour où je pourrai te consacrer plus de temps me paraît lointain, disait-il.

Catherine s'accommodait de la situation sachant fort bien que la survie de Ville-Marie dépendait en bonne part de la disponibilité de son mari à sauver les meubles.

Depuis qu'il avait mis le pied en terre d'Amérique, au printemps de 1641, Charles Le Moyne était devenu une célébrité, le champion incontesté de la Nouvelle-France.

L'héroïque Jeanne Mance, fondatrice de l'Hôtel-Dieu de Montréal, patronne laïque des malades, celle que l'on appelait l'«ange de la colonie», ne jurait que par Le Moyne. Lors d'une attaque des Iroquois, Charles avait sauvé son hôpital d'une destruction certaine, les agresseurs s'étant heurtés au tir nourri d'un rude défenseur qui ne craignait pas la bagarre.

Dans le port de Dieppe, chez les armateurs et dans les circuits du commerce outre-mer, les exploits du jeune homme en Nouvelle-France, grossis par l'imagination, étaient un sujet sur lequel on ne tarissait pas.

Charles Le Moyne ne fut guère surpris d'apprendre que Jacques, l'un de ses frères, et deux de ses sœurs manifestaient le désir de le rejoindre en Amérique.Il leur expédia une lettre enthousiaste, leur vantant les mérites du beau pays qui, hélas, vivait sur un pied de guerre.

«Vous trouverez ici beaucoup de liberté, de l'espace et différentes facilités que nous n'avons pas en France, écrivait-il. Tout est différent. Nous nous accommodons bien des saisons. Les pionniers ont dompté l'hiver. Et depuis que Jeanne Mance a ouvert un hôpital, nos gens se sentent en sécurité car ils peuvent recevoir des soins diligents.»

Il fournissait aussi à son père, féru de la Nouvelle-France, des détails abondants sur les Hurons.

«Ils croient aux vertus de la famille. Les tâches sont délimitées. Par la chasse et la pêche, l'homme assure la survie de sa famille et les femmes se chargent de presque tous les travaux domestiques. Elles vont chercher l'eau à la rivière, sèchent le poisson, confectionnent des sacs pour conserver le grain, fabriquent, à l'aide de joncs, les nattes qui servent de lit, ainsi que les vêtements, les mocassins, les robes utiles aux membres de la famille. Elles travaillent l'écorce avec une rare ingéniosité et fabriquent différents articles dont des plats pour usage courant. Les enfants sont gâtés et polissons, pires que les miens, ajoutait Charles. On ne punit que rarement leurs fautes, les parents se laissant injurier. Beaucoup de jeunes vivent en concubinage sans être l'objet de la réprobation générale. Ils s'installent avec l'*asqua* jusqu'au jour ou ils décident de la marier.»

Peu après son arrivée au pays, Jeanne — future mère de Jeanne Le Ber*, la célèbre recluse — contractait un mariage avec le riche Jacques Le Ber, considéré comme l'un des marchands les plus puissants de la colonie.

Un soir que les deux beaux-frères prenaient le frais sur la rive embaumée du fleuve, Charles fit part de ses projets à Jacques

---

*   Née le 4 janvier 1662, Jeanne Le Ber, après un séjour de trois ans chez les ursulines, se réfugia dans un oratoire adjacent à la chapelle des sœurs de la Congrégation de Notre-Dame et passa dix-neuf ans de sa vie dans le silence et la contemplation.

Le Ber, un homme d'âge mûr et de bon conseil.

— Il me plairait assez de me lancer dans le commerce des fourrures. Je connais bien le terrain et les fournisseurs ; sans être immodeste, je crois pouvoir tirer mon épingle du jeu*.

— Je n'en doute nullement, Charles. Cette nouvelle orientation vous obligerait-elle à quitter le service militaire ?

— Pas du tout. Si le gouverneur a besoin de mes services, je me mettrai à sa disposition. Mais un métier n'empêche pas l'autre. Je pressens que beaucoup de choses vont changer au cours des prochaines années. Ici, les soldats vivent loin des casernes et ils ont une autre mentalité que ceux de la France. Ils se sentent davantage soumis aux lois de la nature qu'aux ordres du gouverneur. Qui sait si la mère patrie aura encore un sens pour eux dans quelques décennies ?

— Que voulez-vous dire par là, Charles ?

— Que nous affrontons tous les jours des réalités nouvelles. Lorsque la Nouvelle-

---

* À sa mort survenue le 30 janvier 1685, Charles Le Moyne était considéré comme le chef de file de la traite des fourrures et le plus riche marchand de Ville-Marie.

France se suffira à elle-même, sa personnalité s'affirmera. Avez-vous remarqué combien les enfants nés ici sont différents de ceux de France?

— Oui, bien sûr. Ils sont plus frondeurs. Faites-vous allusion à vos enfants, Charles? badina Le Ber.

— Aux miens et à ceux de mes amis et connaissances. Ils sont rouspéteurs et réfractaires à l'autorité. Ils me font penser aux enfants des Sauvages*.

— Heureusement, nos enfants ne nous battent pas encore, ironisa Le Ber. Mais je suis d'accord que ce pays va subir une évolution rapide avec les nouvelles générations. Comme vous, je crois aussi que la Nouvelle-France a de l'avenir si nous parvenons à trouver une certaine stabilité.

Les deux hommes firent une courte halte pour admirer la splendeur du Saint-Laurent. À certains moments du jour, le fleuve subissait d'étonnantes métamorphoses.

Le Moyne et Le Ber réfléchissaient à leur étrange destin. Ils avaient l'un et l'autre

---

* Terme que les Français utilisaient à l'époque pour désigner les Autochtones d'Amérique.

quitté un système féodal pour s'adapter et vivre dans un pays encore secret qui modifiait les mentalités.

— Je réfléchissais à vos projets, Charles. Vous êtes un homme résolu et capable. Pourquoi ne pas joindre vos efforts aux miens ?

— À quel titre, Jacques ?

— À titre d'associé, Charles. Vous êtes un excellent négociateur et vos contacts avec les nations sauvages nous aideraient grandement. Vous connaissez Médard Chouart des Groseilliers ?

— Je l'ai croisé à maintes reprises. C'est un homme astucieux et courageux. Il pratique la traite avec succès du côté des Grands Lacs.

— Avons-nous des chances de l'intéresser à nos affaires ?

— Sûrement, à condition qu'il y trouve de nets avantages. Le problème le plus sérieux reste celui du transport. Ses énormes convois sont vulnérables.

— Si nous parvenions à nous entendre, dit Le Ber, une partie des fourrures pourrait rester à Ville-Marie, et le reste des pelleteries serait acheminé vers Québec sur des bacs que je ferais construire.

— C'est une grosse dépense, Jacques.

— Elle sera largement couverte par nos profits.

— Mais il y a les Iroquois. Les routes de l'eau ne sont pas sûres.

— Ce sera votre affaire, Charles. Vous traiterez avec les Sauvages, vous équiperez les coureurs des bois et vous ferez en sorte que notre place soit dominante sur le marché de la fourrure en Nouvelle-France.

* * *

En construisant l'Abitation en 1698 et en créant plus tard le poste de Trois-Rivières, Champlain, tout comme ses successeurs dont Frontenac, n'avait en tête que de structurer le commerce de la traite. Pour l'économie et la prospérité de la Nouvelle-France, il était impératif de tout faire pour garder le monopole du commerce des fourrures. Sans les revenus de la traite, il aurait été impensable de soutenir financièrement la colonie.

Depuis Champlain, les règles du jeu avaient changé; le fondateur de Québec passait des alliances avec ses fournisseurs et leur donnait rendez-vous à des périodes déterminées de l'année.

À l'époque de Charles Le Moyne, les coureurs des bois travaillaient dur; ils franchissaient des distances considérables, allaient au devant des fournisseurs et les accompagnaient sur le chemin du retour, pratique qui devait progressivement éliminer les intermédiaires. Les nombreuses expéditions de Robert Cavelier de La Salle jusqu'au Mississippi et la construction de forts rudimentaires, le long des routes de l'eau, à des endroits stratégiques, s'inscrivaient dans une politique d'extension du commerce des fourrures.

Plus on ouvrait des comptoirs sur un territoire élargi, plus on incitait les Indiens à s'y rendre pour écouler les produits de leur chasse. Bref, en réalité, la Nouvelle-France n'était qu'un vaste réseau de comptoirs commerciaux.

En ouvrant de nouvelles routes et en courant les bois, les Français se montraient autrement plus audacieux que les Anglais, cantonnés dans leurs forts et attendant à domicile leurs fournisseurs sans subir les risques de longs et périlleux voyages.

Les Français, comme Charles Le Moyne, se liaient d'amitié avec les Indiens. Ils partageaient leur quotidien, se mettaient en ménage avec des Indiennes et devenaient avec le temps de véritables enfants des bois.

Les Français laissaient circuler leurs fournisseurs dans leurs fortins et leur offraient l'hospitalité. Le monopole français reposait sur des relations étroites avec les nombreux clans et tribus et sur une meilleure connaissance de l'organisation sociale, qui différait d'un peuple à l'autre.

Charles Le Moyne, le «sauveur de la colonie», conservait, dans la vallée du Saint-Laurent et au-delà, un indiscutable prestige pour sa valeur au combat et ses dons de tribun.

Garakontié, lors de son baptême par monseigneur de Laval, en juillet 1669, s'était montré grandiloquent au sujet de Charles Le Moyne lors du banquet offert par le gouverneur Courcelle.

— Son courage a toujours inspiré mes jeunes gens, dit-il. Mais plus que sa valeur au combat et sa détermination, nous avons toujours eu confiance en sa droiture. Son esprit ne fut jamais fourbe. Si vous aviez dans vos rangs 1000 combattants de sa trempe, il n'y aurait que des Français sur nos rivages.

Chapitre 5

La dernière mission de Le Moyne

Il y avait beaucoup de grogne à Québec et à Ville-Marie, depuis que le successeur de Frontenac avait pris le commandement de la colonie. Les administrateurs se succédaient à un rythme étourdissant ayant à peine le temps de prendre le pouls du pays.

Rappelé en France à la suite de ses nombreuses disputes avec les notables, dont monseigneur de Laval, et de ses abus d'autorité, Frontenac avait été remplacé par Le Febvre de La Barre, un personnage émotif et impulsif, peu doué pour l'organisation. De surcroît, il arrivait à un bien mauvais moment: alimenté par l'Angleterre, le conflit franco-iroquois entrait dans une phase critique.

Officier de marine, La Barre ignorait tout des problèmes de la colonie, sauf que les Iroquois menaçaient de couper partout les routes de la traite des fourrures. Le gouverneur convoqua donc les notables, marchands et fonctionnaires, et leur demanda ce qu'il fallait faire dans les circonstances.

Le plus grand nombre proposa la méthode forte, c'est-à-dire la guerre. Les marchands qui craignaient de perdre leurs marchandises aux mains des Iroquois expliquèrent au gouverneur qu'il ne devait pas y avoir d'hésitation possible.

Les Anglais et les Hollandais armaient les Iroquois pour éliminer les alliés des Français dans le commerce des fourrures, c'est-à-dire les Outaouais, les Miamis et les Illinois.

Il y avait aussi le cas inquiétant de quatorze jeunes Français pillés effrontément par les Iroquois, au cours d'une expédition du côté de Michillimakinac, affront qui ne devait pas rester sans réplique.

Une attitude passive, affirmaient les marchands, compromettrait pour longtemps le commerce des fourrures.

La Barre opta pour la guerre, mais il fallait tout de même un prétexte pour la déclencher. Il lança une première opération pour récupérer les marchandises et les canots volés aux jeunes Français, mais cette démonstration de force n'eut pas l'heur d'impressionner les Iroquois.

En désespoir de cause, se sentant pris à son propre piège, La Barre fit mander Charles Le Moyne pour le charger d'une mission impossible.

— On m'a parlé de vos rapports étroits avec les Iroquois, Monsieur Le Moyne. Je vous demanderais de vous rendre auprès d'eux et d'être notre ambassadeur.

— En vérité, Monsieur le gouverneur, après tout ce qui est arrivé, je ne vois pas comment je pourrais faire fléchir les Iroquois. Consciemment ou pas, vous avez jeté de l'huile sur le feu.

Tégannéhout, un chef iroquois influent, était venu à Ville-Marie avec une douzaine de ses compagnons pour dire au gouverneur que le meurtre d'un capitaine tsonnontouan, assassiné à Michillimakinac, n'entraînerait pas de représailles. Impulsivement, La Barre, qui croyait que l'Indien le narguait, le fit emprisonner avec tous les délégués.

Le Moyne considérait que la décision de La Barre jetait du discrédit sur les Français.

Les Tsonnontouans, la plus forte et la plus agressive tribu de la confédération des Cinq-Nations, n'oublierait pas de sitôt cette injure.

Influencé par les marchands, notamment par La Chenaye, un meneur, La Barre avait commis une bévue de taille. Il ne pouvait revenir en arrière sans perdre la face. Le vin était servi, il fallait le boire.

— Vous les connaissez bien, Monsieur Le Moyne. Efforcez-vous de les désarmer. Pour le bien de la Nouvelle-France.

Le Moyne pensait que le gouverneur aurait dû réfléchir un peu plus avant de mettre les doigts dans l'engrenage.

— Je ferai l'impossible, Monsieur. Mais en retour, ils exigeront que vous relâchiez les prisonniers.

Cette perspective plaisait plus ou moins au gouverneur, qui refusait de céder à l'intimidation.

— J'y songerai.

— Vous préparez une expédition punitive contre les Tsonnontouans ?

— C'est exact.

Connaissant mieux que quiconque les effectifs militaires de la colonie, Charles Le Moyne s'étonna.

— Il me semble que ce ne sera pas facile de constituer une armée. Nous manquons tragiquement d'hommes et d'armes. Cette opération comporte de graves risques, Monsieur le gouverneur.

La Barre n'avait pas de plan précis, mais il comptait envoyer des émissaires auprès des Agniers, des Oneyouts et des Onontagués pour demander à ces derniers de se dissocier des Tsonnontouans.

Le Moyne allait de surprise en surprise et il se sentait irrité par l'inconscience du gouverneur. Son rôle consisterait à temporiser, mais il était évident que cette affaire sentait mauvais. Le Moyne avait de moins en moins confiance dans le jugement de La Barre.

— Eh bien, vous pouvez compter sur mon aide, dit Le Moyne, prenant congé du gouverneur. Sans vouloir être un prophète de malheur — et le Moyne se croyait autorisé à dire ça — je crois que nous aurons besoin de beaucoup de chance.

— Oui, dit le gouverneur, irrité par l'indépendance de Le Moyne qu'il aurait aimé conquérir par des cajoleries.

* * *

Plus de 1500 guerriers massés au sud du lac Ontario, à un endroit nommé La Famine, attendaient de pied ferme le discours d'Akouessan, l'ambassadeur d'Ononthio.

L'armée de fortune de La Barre campait non loin du fort Frontenac sur un terrain marécageux. La maladie ne tarda pas à décimer les hommes et le gouverneur lui-même fut atteint d'une forte fièvre. Dans les circonstances, La Barre pensa alors que le plus mauvais traité de paix serait encore la meilleure solution pour sauver la face*.

Avec son éloquence habituelle, Le Moyne intervint à la table des négociations.

— Frères, dit-il aux chefs de l'assemblée, gardons-nous de voir les choses par l'étroit canal du roseau. Il est facile de laisser la colère submerger nos esprits, mais qui veut, dans cette assemblée, s'aventurer sur l'eau par jour de tempête? Nous avons ensemble traversé bien des épreuves et malgré

---

* L'expédition organisée par La Barre fut un échec. De retour à Québec après une kyrielle d'infortunes, la fièvre que le gouverneur contracta au cours de ce voyage engendra une paralysie de la langue et de la mâchoire. Le roi ne tarda pas à le relever de ses fonctions et à le rappeler en France.

nos différends, nous avons su concilier nos intérêts. Où que vous alliez dans nos établissements, vous serez les bienvenus. Vous me connaissez? Je vous en donne l'assurance. La paix est la meilleure chose qui puisse nous arriver pour développer le commerce et accroître notre prospérité.

Le prestige de Le Moyne joua une fois de plus. Cette mauvaise affaire se termina par un traité provisoire, La Barre se trouvant chanceux de s'en tirer à si bon compte.

Chapitre 6

Le Moyne meurt d'épuisement

Les fils de Le Moyne, Charles de Longueuil et Jacques de Sainte-Hélène, avaient accompagné leur père dans l'expédition du gouverneur La Barre. Ils se rendirent compte que les fatigues du voyage, ajoutées au surmenage incessant que Charles Le Moyne s'était imposé au fil des années, avaient atteint un point critique.

Et c'est couché au fond d'un canot que le «sauveur de Ville-Marie», faible et languissant, fit le voyage de retour.

Les fils étaient inquiets. Jamais ils n'avaient vu leur père dans un tel état de délabrement.

Pourtant, Charles Le Moyne ne se plaignait pas.

— Ça ne va pas, père ?

— Allez, mes enfants, ne nous attardons pas. Tout ira pour le mieux, répondait Le Moyne, d'une voix faible, conscient qu'il avait atteint la limite de sa résistance physique.

Fort heureusement, le voyage s'effectua sans anicroche. Le malade réintégra son domicile où sa femme lui prodigua des soins attentionnés.

Les semaines s'écoulèrent apportant des changements notables à la santé du malade, qui voguait entre les hauts et les bas. Certains jours, il parlait même de reprendre ses activités et faisait part de ses projets à ses enfants.

Le mois de janvier de l'année 1685 fut particulièrement clément à Ville-Marie. Les jours ensoleillés et les nuits douces se succédaient, laissant croire aux colons que l'hiver, d'habitude si rude, serait pour une fois plaisant.

Frileux, enveloppé dans une couverture, Charles Le Moyne restait des heures devant l'âtre où flambaient des bûches énormes. Dame Catherine, sa femme, rôdait autour de lui d'une façon discrète.

— Vous allez bien, Charles ?

— Ne vous inquiétez pas inutilement, Madame. Votre sollicitude me vaut mille potions.

Un matin, Charles Le Moyne se leva et manifesta le désir de faire une promenade avec ses fils. Il se sentait plus vigoureux, parlait maintenant de reprendre la route de l'eau. Il aimait ce pays qui lui avait tant donné. Durant quelques jours, il s'entretint avec passion de ses nouveaux projets avec ses fils.

Vers la fin de janvier, il s'attarda plus longtemps au lit. Nostalgique, les yeux brouillés, il regardait interminablement par la fenêtre la neige tomber en flocons vaporeux.

Catherine ne cachait plus son inquiétude à ses fils. Sa douleur était présente dans tous ses gestes : le chef du clan déclinait.

La tristesse logeait à l'enseigne où, déjà, la vie s'était exprimée dans l'allégresse, la confiance et la solidarité.

Charles Le Moyne mourut le 30 janvier 1685.

Cinq ans plus tard, le 16 octobre 1690, son fils, Jacques de Sainte-Hélène, considéré comme le meilleur artilleur de la colonie, abattait d'un coup de canon le drapeau amiral de l'amiral Phips qui menaçait Québec et demandait à Frontenac de se rendre, lequel eut cette fière réponse: «Allez dire à votre maître que je lui répondrai par la bouche de mes canons.»

Épilogue

Digne et calme, Maisonneuve tenait une réunion d'urgence avec Charles Le Moyne.

Associé à son beau-frère Jacques Le Ber, un riche marchand, les deux associés dirigeaient un service de bateau entre Québec et Montréal. Mais la traite des fourrures constituait leur principale occupation.

Plus tard, Charles Le Moyne devint marguillier de Notre-Dame, poste très convoité, et seigneur de Longueuil, de sorte que les autorités prenaient rarement des décisions sérieuses qui engageaient la communauté sans le consulter. Maisonneuve ne s'en privait pas, lui non plus.

La proposition du jeune Adam Dollard Des Ormeaux, qui voulait barrer la route aux

Iroquois à Longt-Sault, était un sujet épineux qui le contrariait.

Des Ormeaux était impatient de partir, d'autant plus que Charles Le Moyne, venu à Ville-Marie pour le rencontrer et participer à l'expédition, faisait pression sur le gouverneur pour retarder le départ du jeune aventurier.

Une certaine rivalité dans l'héroïsme s'était établie entre les deux hommes. Et Maisonneuve hésitait sur le choix du commandant de l'expédition.

Certes, Des Ormeaux servait la cause de la colonie, mais le seigneur de Longueuil pouvait le faire à un niveau plus élevé dans la hiérarchie des fonctions. Le Moyne était un homme aguerri, riche d'une longue expérience.

Sacrifier Des Ormeaux et ses compagnons pouvait être un risque utile à prendre dans les circonstances, mais Maisonneuve ne pouvait se résoudre à envoyer des jeunes gens à une mort certaine. Aussi fit-il la sourde oreille aux propos du fondateur de la plus illustre des familles canadiennes. Mais Le Moyne ne désarmait pas. Il avait même rallié à ses idées son ami Lambert

Closse et Picoté de Belestre, deux soldats de métier reconnus pour leur intrépidité et leur sagacité.

— Avant d'envoyer une expédition au devant des Iroquois, il vaudrait mieux attendre la fin des semailles, avançait Le Moyne. Il faut d'abord protéger nos semeurs.

— Comment voulez-vous, de conclure Closse, amener nos colons à semer s'ils ne sont pas protégés? Bien dirigés, Dollard et ses hommes nous seront précieux. Ce sont des tirailleurs émérites, jeunes et infatigables. Attendons au moins que notre survivance alimentaire soit assurée.

Maisonneuve supputait, soupesait, évaluait tous les arguments présentés par des hommes dont la valeur et les capacités ne pouvaient être mises en cause. La décision finale lui incombait et devait, dans ce cas précis, accommoder tout le monde.

C'était là le drame. Ce déchirement intérieur qu'il ne laissait paraître à aucun prix lui valait bien des nuits d'insomnie. Il fallait faire un choix: conjurer le danger immédiat ou l'affronter un peu plus tard en misant sur une bonne préparation économique et militaire?

Dollard craignait qu'avec le prestigieux Le Moyne, la direction de l'expédition ne lui échappe. Certes, Le Moyne était mieux préparé pour diriger ce commando de la mort, mais comme l'aventure était suicidaire dans un sens, il valait mieux que ce soit Des Ormeaux que Le Moyne qui y laissât sa peau.

Maisonneuve convoqua donc les principaux intéressés pour un premier entretien.

— Messieurs, inutile de vous cacher la vérité. Nous sommes dans une situation pénible. Les champs que cultivent nos gens sont dévastés par les Iroquois. Si on ne parvient pas à sauver tout au moins les prochaines récoltes, on peut imaginer ce qui arrivera.

— La colonie sera acculée à la famine, dit Le Moyne, que Maisonneuve appréciait pour son jugement et sa pondération. Auriez-vous à ce moment-là une solution pour nous sortir de ce pétrin, Monsieur le gouverneur?

Le visage austère de Maisonneuve se rembrunit.

— Je ne le crois pas. Mais il y a trop longtemps que nous vivons sur la corde raide. Vous le savez mieux que moi. À ce jour, Charles, votre bravoure a contribué à nous garder en vie et à sauver la colonie, mais nous ne sommes pas parvenus à endiguer la guérilla iroquoise. Tout est toujours à recommencer. Combien de temps encore tiendrons-nous? Dieu seul le sait!

Maisonneuve fit une courte pause.

— Je vous demande simplement d'entendre sans acrimonie aucune Monsieur Des Ormeaux, ajouta-t-il.

— Et où se trouve ce phénomène? demanda Le Moyne.

— Ici même. Il attend mon signal pour se présenter à vous et vous exposer son plan.

* * *

Charles Le Moyne regarda avec curiosité le jeune homme de vingt-cinq ans qui se tenait devant lui.

Adam Dollard Des Ormeaux était grand, fort, bien découplé. Une chevelure épaisse et rebelle et des yeux gris d'acier lui donnaient l'air redoutable qu'une mâchoire carrée accentuait. La main gauche sur la poignée de sa rapière, l'autre lissant négligemment une moustache en pointe, Dollard fixait sans ciller Maisonneuve et Le Moyne.

Des Ormeaux exposa donc son plan d'une folle témérité que seules des circonstances extraordinaires pouvaient justifier: se rendre au devant des Iroquois avec une poignée de braves et leur infliger de telles pertes que l'idée d'anéantir Ville-Marie leur sortirait de l'esprit.

Quelles étaient les chances de réussite? Minimes, pour ne pas dire inexistantes.

Maisonneuve s'approcha d'une fenêtre, il contempla la place où déambulaient les colons, puis il se tourna vers Des Ormeaux.

— Je ne doute pas de votre courage, Monsieur, lui dit-il. Ce que vous proposez montre que vous êtes un homme de cœur. Mais barrer la route à des centaines d'Iroquois qui marchent sur Ville-Marie avec une poignée d'hommes et peut-être quelques sauvages que vous aurez racolés au passage, me semble une entreprise suicidaire.

— C'est au cœur même de leur territoire que vous voulez porter la guerre? Êtes-vous certain que vous trouverez des camarades assez présomptueux pour vous suivre? demanda Le Moyne.

— Aucun doute, Monsieur. Ils sont prêts à assumer tous les risques d'une telle opération.

— Jusqu'à la mort? dit Maisonneuve, d'une voix triste.

— S'il le faut, Monsieur, pour que vive et prospère Ville-Marie.

Maisonneuve soupira, puis il regarda Le Moyne.

— Qu'en pensez-vous, Charles?

— Voilà de bien nobles paroles. Mais les Iroquois sont féroces, courageux, nombreux. Pour les avoir combattus à maintes reprises, je les connais mieux que quiconque. Ils constituent les meilleurs guerriers de ce continent. Malgré leur nombre, leur puissance, nos alliés les Hurons ont été massacrés par milliers. Le peu d'entre eux qui ont échappé au carnage se terrent derrière les remparts de nos forts.

Il se retourna vers le jeune aventurier.

— Mais la situation est telle que je ne peux m'empêcher de vous écouter avec intérêt, ajouta-t-il. Votre détermination me plaît, Monsieur Des Ormeaux. Vous dites que vous avez regroupé seize compagnons? C'est bien peu pour affronter tant d'adversaires.

— Je vous fournirai la liste de mes compagnons. Ils en valent dix chacun. Nous avons signé un pacte mutuel. Si vous attendez que les ennemis viennent vous assiéger ici, Monsieur Le Moyne, les risques seront décuplés.

— C'est juste. Nous ne sommes pas en position pour leur résister bien longtemps.

Maisonneuve posa un regard affectueux sur Dollard.

— Si je vous autorise à diriger cette folle entreprise, vous allez à la mort, dit-il la voix altérée par l'émotion.

Dollard était aussi ému par le ton de la conversation, ce qui ne diminuait en rien son désir farouche de servir les siens comme il l'entendait. Il s'inclina.

— À quel moment, Monsieur le gouverneur, aurai-je la permission de me mettre en campagne ?

— D'une certaine façon, tout le monde est concerné par votre expédition. Il me faut opter pour la bonne décision.

Quelques jours plus tard, après mûres réflexions, Maisonneuve fit son choix au grand désappointement de Le Moyne, de Closse et de Belestre. Adam Dollard, sieur

Des Ormeaux, fut chargé de marcher contre les Iroquois.

Au jour dit, après avoir fait leur testament, ils entendirent la messe dans la chapelle de pierre de l'Hôtel-Dieu.

Les adieux furent brefs et émouvants. L'obscurité de la nuit n'était pas encore dissipée que les jeunes héros se rendirent à l'anse aux canots, escortés de quelques soldats et de Le Moyne, qui retint Des Ormeaux quelques instants.

— Mon très cher Adam, ne me gardez pas rancune de mon attitude. Seul le bien que je vous veux a inspiré ma démarche. Que Dieu soit témoin qu'en grande estime je vous tiens. Vous êtes bien le digne fils d'un pays qui a le bonheur d'avoir des enfants d'une trempe exceptionnelle.

Le Moyne fit ses dernières recommandations et serra Des Ormeaux contre sa poitrine. Puis les deux hommes se séparèrent vibrants d'un espoir insensé.

Dollard était courageux... mais point téméraire. Il savait que la forêt recelait d'immenses dangers et fit bon usage des conseils de Le Moyne.

— Croyez-vous qu'ils ont des chances? demanda Maisonneuve à Charles Le Moyne.

— Si chacune de leur vie est payée par plusieurs vies ennemies, s'ils tiennent en échec les Iroquois assez longtemps pour que nous puissions nous organiser, leur sacrifice n'aura pas été vain.

Maisonneuve n'avait pu se résigner à voir partir Le Moyne. Sur place, il avait besoin d'hommes expérimentés pour les coups durs à venir.

Ville-Marie manquait tragiquement de défenseurs. De plus, première escale des Indiens qui arrivaient de l'ouest, l'arrivée d'une grosse flottille créait un véritable émoi parmi la population.

La foire se tenait sur la commune, entre l'Hôtel-Dieu et le fleuve, et donnait lieu à différents accrochages qu'un homme tel que Le Moyne, familiarisé avec les langues indiennes, réglait à l'amiable. Maisonneuve se fiait à lui. Il le convoquait au conseil qu'il tenait avec Jeanne Mance, Marguerite Bourgeoys et quelques notables.

À tous les niveaux — politique, économique et religieux — Charles Le Moyne exerçait dans son milieu et dans plusieurs nations indiennes, une influence prépondérante.

* * *

La mort de Dollard Des Ormeaux parvint à Ville-Marie, et Maisonneuve se demanda durant plusieurs semaines si la horde des démons rouges n'attaquerait pas Ville-Marie.

Mais les Iroquois n'y pensaient plus. Si quelques hommes leur avaient tenu tête durant plusieurs jours, il était prévisible que la résistance des habitants de Ville-Marie, bien armés et protégés par de hautes palissades, serait forcenée.

La bataille de Dollard Des Ormeaux et de sa petite troupe donna à réfléchir et elle imprégna longtemps d'une grande amertume l'esprit des membres du Grand Conseil.

L'exploit fit grande impression dans toute la Nouvelle-France. Le père Chaumonot adressa même une lettre à mère Marie de l'Incarnation, à Québec, dans laquelle il lui raconta le combat de Long-Sault: «Il est certain que sans le sacrifice et la vaillance de ces jeunes gens, nous étions perdus et sans ressources» écrit-il.

Mais il se réjouit que Maisonneuve ait eu la sagesse de ne pas confier cette mission impossible à Charles Le Moyne...

Bibliographie

Encyclopédie Grolier, Grolier, édition 1948, p. 485.

Fleury, Serge, *Les Bâtisseurs*, Mame, France, 1960, p. 5 à 17.

Frégault, Guy, *Pierre Le Moyne d'Iberville*, Fides, collection «Fleurs de Lys», 1968, 300 p.

Le Ber, Marc, *Charles Le Moyne, seigneur de Longueuil,* Société historique de Marigot, Longueuil, Cahier n° 28, 1992, 84 p.

Société historique de Marigot, *Charles Le Moyne et ses fils*, Cahier n° 21, 1989, 44 p.

00008108